세상에 대하여
우리가
더잘 알아야 할
교양

66

지은이 | 옮긴이 | 감수자 소개

지은이 **필립 스틸**

영국에서 태어나 현대 언어를 전공하고, 런던의 여러 출판사에서 편집자로 일했습니다. 역사, 청소년 전기, 민족, 문화 등 다양한 주제의 책을 썼습니다. 저서로는 《피라미드는 왜 뾰족할까요? - 왜 그런지 정말 궁금해요 11》《나라마다 왜 국기가 있을까요? - 왜 그런지 정말 궁금해요 23》《로마제국 - 신나는 역사 여행 03》《이집트 - 신나는 역사 여행 04》《고대 이집트의 비밀 미라 - 어린이 디스커버리 10》《언론의 자유 - 논술 쑥쑥 어린이 인권여행 04》《아이작 뉴턴 - 세상을 변화시킨 위대한 과학자》《무서운 지구 - 지식의 숲 04》(공저) 《마리 퀴리 - 과학의 방향을 바꾼 소녀》《갈릴레오 갈릴레이 - 우주의 중심을 바로잡은 천재과학자》《종이로 만드는 기차의 역사》(공저) 등이 있습니다.

옮긴이 **정민규**

성균관대학교에서 신문방송학을 전공하고, 고려대학교에서 온라인 커뮤니케이션으로 석사 학위를 받았습니다. 작가, 번역가, 편집자로 활동하고 있습니다. 저서로 《마음에 닿기를》《일상 통찰》이 있고, 역서로 《순간을 소유하라》《스탑 스모킹 플랜》《세상에 대하여 우리가 더 잘 알아야 할 교양 : 인구 문제, 숫자일까, 인권일까?》가 있습니다.

감수자 **이우진**

연세대학교 대기과학과 연구교수로 재임 중입니다. 미국 일리노이대학교 Urbana-Champaign의 대기과학 박사, 기상청 예보국장, 수치모델관리관, APEC 기후센터 사무총장 등을 역임했습니다. 〈월간중앙 WIN〉 날씨 칼럼을 연재했으며, 저서로는 《정보화 사회의 기상서비스》《일기도와 날씨해석》《컴퓨터와 날씨예측》《Weather of Korea-A Synoptic Climatology》《Weather Forecasting-A Practical Guide for Internet Users》《미래는 절반만 열려있다》《강수량예보》 등이 있습니다.

세 상에 대하여 우리가 더잘 알아야 할 교양

필립 스틸 글 | 정민규 옮김 | 이우진 감수

66

기후 변화

자연을 상품으로 대하면?

내인생의책

차례

※ 본문의 **굵은 글씨**로 표시된 단어는 94페이지 용어 설명에서 찾아보세요.

감수자의 글

기후가 변한다는 것은 중요한 자연 현상이자 전 지구적 사회 문제입니다. 환경에 적응하기 위해서는 상황을 과학적으로 이해하고, 큰일이 벌어지기 전에 미리 준비해야 합니다. 현세대와 다음 세대, 주요국과 개발도상국 간에 이해관계가 복잡하게 얽혀 있다면 지혜롭게 갈등을 풀어 나가야 합니다.

기후 변화는 누구에게나 영향을 주고 전 지구적으로 협력이 필요한 만큼, 사안에 관한 사회적 공감대가 튼튼해야 각자 솔선수범하여 필요한 역할을 할 수 있습니다. 특히 자라나는 세대는 기성세대보다 기후 변화의 영향을 더 많이 받게 될 것이므로, 청소년들과 기후 변화의 문제를 함께 나누고 해결책을 모색해 가야 합니다. 이런 시점에 청소년을 대상으로 기후 변화의 문제를 원인에서 대책에 이르기까지 포괄적으로 다룬 책이 나와 고무적입니다.

이 책은 기후 변화의 과학적 원인과 영향, 국제 사회의 대응, 적응 정책 등을 일반적인 수준으로 알기 쉽게 소개하여 우리가 '왜?' '무엇을?' 해야 할지 생각하게 합니다. 그 외에도 몇 가지 특징이 눈에 띕니다. 이론적 측면과 실천적 측면, 과학적 관점과 정책적 관점을 균형 있게 대비하고, 다양한 이해관계자의 관점을 고루 제시한 점입니다. 기후 변화 이야기를 읽어 가는 데 참고할 만한 용어 설명과 시사 주제를 적절하게 배치하고, 번역서에 국내 여건을 함께 제시한 것도 독자에게 도움을 주고자 하는 노력이 돋보입니다. 이 책이 기후 변화에 관한 공감대를 넓히고, 국제 사회의 일원으로서 환경과 조화를 이루는 사회를 이끌어 가는 데 보탬이 되기를 기대해 봅니다.

연세대학교 대기과학과 연구교수 **이우진**

들어가며: 기후 변화를 이야기할 시간입니다

인류의 고향, 지구. 우리에게 지구라는 행성은 친숙한 곳으로 느껴집니다. 우리는 계절이 바뀌는 것을 봅니다. 때로는 천둥 번개와 거친 바다, 무더위와 눈보라를 경험하죠. 우리는 할아버지와 할머니가 그랬듯 물고기를 잡고 작물을 재배합니다. 인류의 삶은 수 세기 동안 거의 똑같은 방식으로 이어져 왔습니다. 우린 앞으로도 이와 같은 생활 방식을 유지할 수 있을까요? 미래는 안전할까요?

전 세계적으로 기상 이변(폭염, 한파, 가뭄, 폭풍, 집중 호우)이 잇따라 발생하면서 인명 피해가 크게 늘어났습니다. 2013년 세계기상기구(WMO, World Meteor ological Organization) 보고서에 따르면 2001년과 2010년 사이 기상 이변에 의한 사상자 수는 십 년 전에 비해 약 20% 증가했습니다.

특히 지구 온난화가 이상 기후의 주요 요인으로 작용하면서 기상 이변이 더 자주 나타날 것으로 예측됩니다. 이러한 기후 변화는 인구 증가, 경제활동 확대와 맞물려 전에 없던 기상 재해를 낳는 실정입니다.

이로 인해 인명과 재산 피해는 더욱 커지고, 오랜 기간에 걸쳐 구축한 사회 **인프라**도 무너져 가고 있습니다. 지구 온난화를 우려하는 목소리는 갈수록 커집니다. 과학자들은 지난 50년 동안 지구 표면이 과열되어 왔다고 주장합니다. 지구 온난화를 유발하는 대표적인 **온실가스**(Greenhouse Gas)인 이산화탄소의 농도는 최근 400ppm이 넘었습니다. 이는 산업혁명 이전보다 2배 이상 늘어난 수치입니다.

그렇습니다. 지구의 기후는 계속 변합니다. 기후 변화에 관한 이론을 과거에 접한 사람들은 그 사실을 믿지 않았습니다. 하지만 기후 변화의 증거가 계속 쌓여 감에 따라 오늘날 전 세계 과학자들은 기후 변화를 기정사실로 받아들입니다. 그리고 거의 모든 사람들이 기후 변화가 '**인류 발생적**'이라는

전문가 의견

지구는 우리의 유일한 고향이다. 우리는 다 함께 우리의 고향, 지구를 보호하고 소중히 다루어야 한다.

— **반기문** 제8대 유엔 사무총장(2007~2016)

▎ 2017년, 수천 명의 사람들이 기후 변화에 대처하기 위해 워싱턴에서 인류 기후 행진
(The People's Climate March)에 참여했다.

데 동의합니다. 즉 인간이 유발한 현상이라는 것이죠.

　기후와 날씨가 빠르게 변합니다. 이것은 중요한 문제입니다. 지구 생명체의 미래는 우리가 기후 변화 문제를 어떻게 이해하고, 어떠한 조치를 취하느냐에 달려 있습니다. 무슨 일이 일어날까요? 그리고 우리는 무엇을 해야만 할까요?

기후란 무엇일까?

　비 오는 날이 있고, 건조한 날이 있습니다. 맑은 날이 있고, 흐린 날이 있지요. 또 더운 날도 있고, 추운 날도 있습니다. 이를 기상 상태라 합니다. 그렇다면 기후란 무엇일까요? 기후란 30년에서 수백 년 또는 수천 년에 이르

▌ 장기간 건조한 날이 계속되고 가뭄이 이어
지면 농작물에 피해가 갈 수 있다. 농업으
로 수익을 올리는 사람들은 큰 어려움을
겪는다.

▌ 지구 온난화로 말라리아와 같은 열대병이
다른 지역으로 퍼져 나간다.

▌ 지구 온난화 때문에 커다란 빙하가 녹아내
린다.

▌ 기상이 변덕스러워지면서 강력한 폭풍우
가 더 자주 발생할 것이다.

는 오랜 기간 특정 장소나 지역에 기록된 날씨의 표준 유형을 의미합니다.

　기후는 자연 현상이 상호 작용함으로써 일어나는 모든 종류의 변화를 포
함합니다. 온도와 기압, 바람과 해류 모두 기후의 한 요소예요. 따라서 산맥
의 높이, 바다와의 거리 등 물리적 지형은 한 지역의 기후에 영향을 미칩니다.

▍수증기가 응결해 형성된 구름이 바다 위를 지나간다.

또한 **물 순환** 역시 기후에 영향을 끼칩니다. 지구 주변의 공기를 대기라고 부릅니다. 대기는 다양한 가스로 이루어져요. 그중 하나가 수증기인데, 바다와 강, 호수의 물이 **증발**하면서 만들어집니다. 따뜻한 증기는 상승하면서 냉각, **응결**되어 물방울로 변합니다. 이 물방울이 모여 비가 오거나 눈이 내리죠. 이를 **강수**라고 합니다. 비가 내리면 물이 호수와 강, 바다로 흘러 들어가 다시 순환합니다. 물 순환 과정에 조금이라도 변동이 생기면 우리 삶도 영향을 받습니다.

기후는 한 지역에 사는 식물과 동물의 종류를 결정하며, 식물은 다시 기후에 영향을 끼칩니다. 유사한 생물체를 공유하는 지역을 **생물군계**(生物群系)라고 합니다. 생물군계의 기후가 변하면 일부 종은 심지어 **멸종**할 수 있습니다.

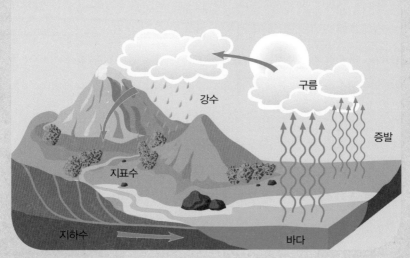

■ 물 순환(Water Cycle)은 지구의 대기와 땅을 통한 물의 지속적인 이동을 말한다.

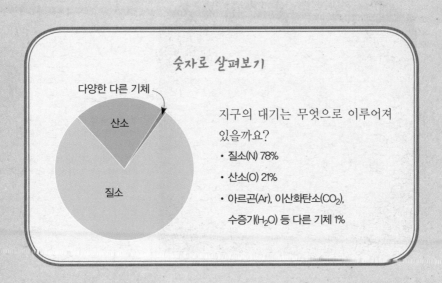

숫자로 살펴보기

지구의 대기는 무엇으로 이루어져 있을까요?
· 질소(N) 78%
· 산소(O) 21%
· 아르곤(Ar), 이산화탄소(CO_2), 수증기(H_2O) 등 다른 기체 1%

기후는 왜 변화할까?

지구의 기후는 항상 변합니다. 수백만 년 동안 지구는 몹시 추운 **빙하기**와 빙하기 사이에 빙하기보다 따뜻한 **간빙기**를 거치면서 기온이 들쭉날쭉했습니다. 마지막 대빙하기는 약 1만 1,700년 전에 끝났습니다. 이렇게 굵직한 기후 변화와 함께 비교적 규모가 작은 기후 변화도 종종 나타났습니다.

여러 자연 현상이 기후를 바꿉니다. 태양 주위를 도는 지구의 공전궤도는 조금씩 달라집니다. 지구 자전축도 마찬가지입니다. 이 두 가지 변수는 지구가 태양으로부터 받는 복사 에너지의 양에 영향을 미칩니다. 거대한 화산 활동이 일어나는 기간에는 재 구름이 생겨 태양의 열과 빛을 차단합니다. 이산화탄소를 **흡수**하는 숲이 무성해지면 대기 중 이산화탄소의 양은 줄어듭니다.

지구에서 가장 가까운 별인 태양이 방출하는 복사 에너지의 양은 때에 따

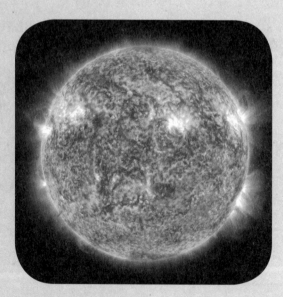

▮ 태양은 엄청난 온도와 압력하에서 원자들이 융합되는 거대한 연소 가스 덩어리다. 이러한 융합을 통해 엄청난 양의 에너지와 복사 에너지가 생겨난다.

라 다릅니다. 태양으로부터 받는 복사 에너지의 양에 따라 지구는 따뜻해지거나 차가워져요. 지구 대기의 구성이 바뀌면 지구가 받는 복사 에너지의 양도 달라집니다.

과거의 자연적인 기후 변화는 대부분 점진적이었습니다. 급격한 변화도 더러 있기는 했지만요. 물론 자연적인 기후 변화는 여전히 일어나요. 하지만 자연적인 기후 변화는 온난화라는 새로운 현상과 상호 작용합니다. 온난화는 갑작스럽고 극단적인 변화예요. 인류의 생활 방식과 관련이 깊어요.

화산 폭발은 기후에 지대한 영향을 미친다. 1991년 필리핀 피나투보 화산 폭발 당시 2천만 톤에 달하는 이산화황이 하늘을 뒤덮어 햇빛의 약 2.5%를 반사시켰다. 이로 인해 지구 평균 기온이 2년 동안 0.5도 낮아졌다.

세계의 기후는 계속해서 변합니다. 기후 변화에 관한 의견은 누가, 무엇을 책임지고 있느냐에 따라 다릅니다. 이 책에서 우리는 기후 변화를 둘러싼 중대한 이슈를 탐구할 것입니다. 그리고 문제를 제기하고 토론할 것입니다.

이제 기후 변화를 이야기할 시간입니다.

1장 뜨거워지는 지구

지구에서 생명체가 살 수 있는 건 태양에서 온기와 빛이 나오기 때문입니다. 지구 대기의 가스는 유해한 **자외선**을 차단해 우리를 돕습니다. 인간을 포함한 동물은 산소를 마시고, 식물은 이산화탄소를 흡수합니다. 수증기는 지구상에서 가장 소중한 액체인 물을 우리에게 가져다줍니다.

▌ 수증기를 포함한 온실가스는 태양 에너지가 대기권 밖으로 빠져 나가는 것을 막는다.
온실가스의 효과로 대기가 따뜻해신나.

온실가스와 온실 효과

대기 중의 일부 가스를 온실가스라고 부릅니다. 온실가스는 구름 속 물 방울과 함께 지구를 따뜻하게 유지하는 데 도움을 줍니다. 온실가스 없는

▌ 식물은 이산화탄소를 흡수하고, 햇빛을 이용해 이산화탄소를 당으로 바꿔 에너지를 생산한 다. 동시에 공기 중에 산소를 방출한다.

온실가스에 대해 생각해 보아요.
- 대기 중에 자연적으로 존재합니다.
- 지구를 따뜻하게 유지하는 데 도움이 됩니다.
- 지구에 사는 생명체를 보호합니다.
- 인간 활동에 의해 방출되기도 합니다.
- 너무 많으면 지구를 과열시킵니다.
- 지구상의 생명체를 위험에 빠뜨릴 수 있습니다.

지구는 너무 추워서 살 수 없을 겁니다. 열에너지를 품는 이산화탄소, 메탄, 아산화질소 등을 온실가스라고 부릅니다.

1800년대 이전의 과학자들은 기후 변화에 관해 거의 알지 못했어요. 1820년대가 되어서야 가스가 지구를 따뜻하게 한다는 것을 발견했습니다. 대기 구성 성분 사이의 균형이 기후에 직접적으로 영향을 준다는 것을 깨달았지요. 과학자들은 대기 성분의 균형에 대해 질문을 던지기 시작했습니다. 균형이 깨지면 무슨 일이 벌어질까요? 기후 변화는 단지 자연적인 과정이었을까요? 인간 활동에 영향을 받은 걸까요?

태양 에너지가 지구에 부딪힐 때 약 3분의 1이 대기와 지표면, 바다에 의해 곧바로 우주로 반사됩니다. 나머지는 지구와 해양에 흡수됩니다. 그렇게 지구는 뜨거워집니다. 지구가 뜨거워지면 대부분 **적외선** 형태로 에너지를 방출하기 시작합니다. 일부 적외선은 우주로 나가지만, 일부는 온실가스에 갇혀

지구 표면으로 다시 들어옵니다. 이것을 **온실 효과**(Greenhouse Effect)라고 해요. 온실 효과로 지구는 훨씬 더워집니다. 더 많은 온실가스가 대기로 방출되면 그만큼 적외선이 차단되고 지구는 과열됩니다.

지구와 태양

지구의 기후는 태양이 만들었다고 해도 과언이 아닙니다. 거대한 **핵반응**을 일으키는 이 불덩어리는 지구에서 1억 5천만 킬로미터가량 떨어져 있습니다. 태양은 전자기 복사의 형태로 에너지를 쏟아 냅니다. 그중 가시광선은 우리 눈으로 볼 수 있습니다. 적외선, 자외선, 전파, 엑스선 등은 특수 장비를 통해 볼 수 있습니다. 이를 관측하여 기후 변화를 측정할 수 있습니다. 지구의 표면 온도는 전 세계 기상 관측소의 온도계로 직접 측정할 수 있습니다. 해수면 온도는 배를 이용해 측정할 수 있습니다. 또한 간접적으로 온도를 계산하는 방법도 있어요. 예를 들어 인공위성을 사용해 지구 표면의 적외선 복사량을 측정할 수 있습니다.

생각해 보기

태양열 복사에 관해 생각해 보아요.
- 생명 존속을 가능하게 합니다.
- 기후를 바꿉니다.
- 온실가스에 의해 더 강력한 효과를 냅니다.
- 지구를 과열시킬 수 있습니다.

산업혁명과 화석 연료

산업혁명 이후 인류는 새로운 방식으로 농사를 짓고 재화를 생산했습니다. 그 사이 알게 모르게 세계 기후에 영향을 주기 시작했죠. 대기에 연기를 뿜어내는 공장을 세웠고, 철도와 기관차, 증기선을 만들었습니다. 수많은 사람들이 대도시로 이동했어요. 대도시의 집들은 석탄으로 불을 땠죠. 도심뿐 아니라 시골까지 연기와 그을음으로 뒤덮였습니다.

1900년대에는 수백만 대의 자동차, 항공 여행, 새로운 발전소처럼 기후에 문제를 일으키는 요소가 본격적으로 늘어났습니다. 이처럼 세상을 새로운 모습으로 변모시킨 연료가 바로 석탄과 석유, 가스입니다. 이 **화석 연료**들은 수백만 년 전에 화석화된 생물체로 만들어졌습니다.

▍많은 발전소에서 화석 연료를 연소시켜 물을 가열한다. 이때 발생한 증기가 터빈을 회전시켜 전기를 생산한다.

화석 연료는 교통수단, 산업 공정, 삼림 벌채 등 아주 다양한 분야에 사용됩니다. 하지만 화석 연료를 태우면 이산화탄소가 방출됩니다. 1750년 이래 대기 중 이산화탄소의 양은 40% 증가했습니다. 최근 몇 년 새 가장 큰 증가세를 보였으며, 1950년 이래로 이산화탄소 **배출**량은 6배나 증가했습니다.

이산화탄소 배출량이 늘어나면 온실 효과가 강해져 대기 중에 더 많은 열을 잡아 둡니다. 1980년대 이래 10년 간격으로 조사해 보니 지구의 온도는 계속 뜨거워졌습니다. 과연 우연의 일치일까요?

지구 온난화를 둘러싼 논쟁

지난 30년 동안 지구 온난화를 두고 격렬한 논쟁이 있었습니다. 지구 온

▌ 태국에서 발생한 산불로 연기가 뿜어져 나오고 있다. 산불이 일어나면 엄청난 양의 이산화탄소가 방출된다.

▌삼림 벌채는 지구 대기권에 탄소가 증가하는 데 큰 영향을 미친다. 잘려진 나무는 더는 이산화탄소를 흡수할 수 없으며, 나무가 탈 때 몸통에서 탄소가 방출된다.

난화가 인류 발생적이라는 증거는 계속 쌓여 갑니다. 하지만 일각에서는 "인간에 의해 지구 온난화가 발생했다고 주장하는 이론은 사기"라고 말합니다.

기후 변화 이론에 반대하는 몇몇 과학자와 정치인, 언론인은 데이터가 부정확하거나 의도적으로 조작되었다고 주장합니다. 그들이 제기하는 의문은 다음과 같습니다.

"기후 변화는 이미 수백만 년 동안 자연적으로 일어나지 않았는가?" "다른 합리적인 설명이 있는데 왜 싸잡아 인간 탓을 하는가?" "이 모두가 장기적인 자연적 주기의 일부분이지 않을까?" "다음 빙하기로 가는 도중에 발생하는 일시적인 현상 아닐까?"

물론 자연적인 원인이 있습니다. 한 예로 **흑점**을 들 수 있죠. 흑점은 이따금 태양 표면에 나타나는 어둡고 차가운 반점입니다. 흑점은 강한 자기장에 의해 발생하는데, 태양의 복사가 자연적으로 변한다는 증거입니다. 하지만 흑점과 기후 변화의 양상을 살펴본 결과, 흑점이 지구 온난화나 한랭화의 중요한 원인은 아니라는 것이 확인되었습니다.

그렇다면 엘니뇨 현상으로 태평양의 수온이 올라 지구의 온도가 상승한 것은 아닐까요? 엘니뇨는 남아메리카 서해안을 따라 흐르는 페루 해류 속에 이따금 난류가 흘러드는 현상을 말합니다. 엘니뇨는 에콰도르에서 칠레에 이르는 지역의 농업과 어업에 피해를 주고, 태평양의 적도 지방, 아시아와 북아메리카에도 광범위한 기상 이변을 일으킵니다. 그러나 수년에 한 번 꼴로 발생하는 엘니뇨만으로는 산업혁명 이후 꾸준히 상승한 평균 기온의 양상을 해명할 수 없습니다.

이처럼 모든 기후 현상이 탄소 배출 때문에 일어난 것은 아닙니다. 하지

▌ 인류 기후 행진(The People's Climate March)이 2014년 뉴욕에서 열렸다. 기후 변화 정책의 시급한 수립을 지지하는 가장 큰 규모의 행진이다.

만 탄소 배출에 영향을 받을 수는 있습니다. 최근 조사에 따르면, 자연적 원
인에 의해 지구의 온도가 상승했을 가능성은 거의 없다고 응답한 과학자가
97%에 이릅니다.

간추려 보기

- 온실가스는 태양 에너지를 잡아 두어 지구를 따뜻하게 한다.
- 석탄과 석유, 가스 같은 화석 연료가 연소하면서 이산화탄소를 방출한다. 이산화탄소 배출량이 늘어나면 온실 효과가 강력해져 대기 중에 더 많은 열을 잡아 둔다.
- 자연적 원인에 의해 지구의 온도가 상승했을 가능성은 거의 없다

2장 **기후의 변화**

1890년대에 몇몇 과학자는 이산화탄소 배출 문제가 골칫거리가 될 것이라고 예측했습니다. 1960년대에는 대기 오염과 온실 효과에 대한 우려가 커지기 시작했죠. 석유 산업에 이해관계가 얽힌 사람들은 이 경고를 무시했습니다. 그러나 1970년대에 이르러 징후는 더 명백해졌습니다.

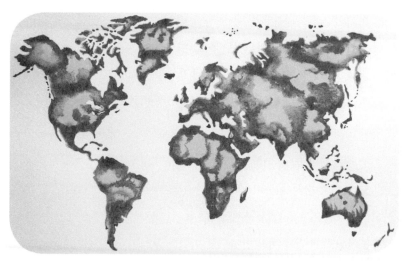

▌지난 100년 동안 어느 지역이 더 따뜻해졌는지를 보여주는 지도

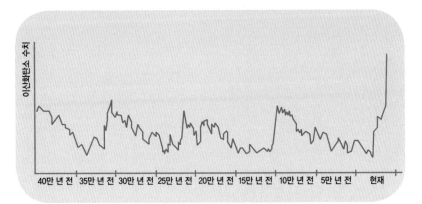

■ 이 그래프는 지난 40만 년 동안의 이산화탄소 수치 변화를 보여 준다. 최근의 상승세는 전례 없이 가파르고, 19세기 말 이후의 지구 기온 상승 추세와 일치한다.

지구 온난화의 징후

기후 변화의 과학은 매우 복잡했습니다. 새로운 영역을 개척하는 셈이었어요. 초기의 기후학자들은 많은 비판을 받았습니다. 하지만 그 후 최근 수십 년은 정말 특이한 시기라는 사실이 분명해졌습니다. 기온은 빠르게 상승했고, 최고 온도 기록은 계속 깨졌습니다.

공식 기록이 시작된 이래 가장 더웠던 열 번의 해는 모두 지난 12년 사이에 찾아왔습니다. 모든 주요 연구에서 같은 결과가 나옵니다. 1900년 이래로 지구 평균 기온은 0.85도 올라갔습니다. 이 정도면 그다지 많이 오르지 않은 듯하지만, 평균 온도가 조금만 올라도 생태계 전체가 파괴될 수 있음을 고려한다면 이는 심각한 문제입니다.

지구 온난화에 관해 여러 방면으로 면밀한 조사가 진행 중입니다. 그리고 이 지표들은 동일한 이야기를 합니다. 해양은 온난화되고 있으며, 이산화탄소를 흡수해 더욱 **산성**화되었습니다. 이로 인해 북극의 얼음이 녹아내리고, 해수면이 상승하는 추세입니다.

현재 우리는 우주에 있는 인공위성부터 바다에 있는 부표까지 다양한 장비로 지구를 관찰합니다. 2016년에는 태평양의 해수면 변화를 관측해 미래의 온난화를 예측할 수 있다는 사실이 밝혀졌습니다. 연구자들은 2016년 말까지 지구 표면이 2014년보다 0.28도 더 뜨거워질 것으로 예측했고, 그 예측은 맞아떨어졌습니다.

예측할 수 없는 날씨

지구의 기후 변화는 명백해 보입니다. 하지만 기후는 지역마다 천차만별입니다. 국지적인 영향도 많이 받죠. 그래서 기후 변화를 파악하기 어렵습니다. 유별나게 눈이 많이 내리는 겨울이나 서늘하고 궂은 여름을 겪었다면, 그러한 경험으로 말미암아 지구 온난화의 진위를 의심할 수 있습니다.

▎ 대기의 에너지 수준이 높아지면 날씨를 예측하기가 점점 더 어려워지고, 폭풍은 더욱 강력
  해질 수 있다.

▎ 벚꽃이 피는 것은 많은 나라에서 봄이 시작되었다는 것을 의미한다.

하지만 이는 기후학자들이 일반적으로 특정 지역의 기온이 아니라 전 세계 평균 기온을 언급하기 때문에 생기는 오해입니다. 뉴욕에서 사람들이 눈싸움을 하는 동안, 남아프리카에서는 수년간 지속된 비정상적인 가뭄으로 괴로워합니다. 지구 온난화의 모든 지표들이 극단적인 것은 아닙니다.

지구 온난화가 우리에게 더 좋은 날씨를 선사할까요? 그렇지 않습니다. 따뜻한 공기는 더 많은 수증기를 저장할 수 있기 때문에 일부 지역엔 폭우가 내립니다. 어딘가엔 홍수가, 어딘가엔 가뭄이 더 잦아질 것입니다. 지구 온난화는 이처럼 날씨를 예측하기 더 어렵게 만듭니다.

생태계를 위협하는 지구 온난화

지구 온난화로 인해 온도에 민감한 동식물은 달라진 기후에 적응하거나 사라져야 합니다. 또한 지구 온난화로 계절의 변화 양상이 달라지는 '**계절 변형**'으로 많은 문제가 생길 수 있습니다. 북부 지역에는 10년마다 봄이 2~3일 더 일찍 오고, 가을은 0.3~1.6일 늦게 옵니다. 이로 인해 작물들은 벌써 계절 변형의 영향을 받고 있습니다. 그리고 이는 꿀벌처럼 식물에 **꽃가루받이**를 하는 곤충에도 영향을 줍니다. 아주 작은 동식물의 운명이 인류에게 중요할 수 있습니다. 왜 그럴까요?

세계 생물 종 가운데 포유류는 5%에 불과하다는 사실을 아나요? 그에 비해 곤충과 거미 등 절지동물은 70% 이상을 차지합니다. 보잘것없어 보이는 벌레가 생태계의 기초를 이룹니다. 곤충은 종이 다양하기도 하지만, 양도 엄청나게 많습니다. 그러나 최근 곤충의 양을 장기간 측정한 연구 결과가 연이어 나오면서 지구상에서 곤충이 사라질 수 있다는 우려가 커졌습니다. 생

점점 빨라지는 봄

0-1 2 3 4 5
일찍 시작되는 날수

▎이 2010년 지도는 1961~1980년과 비교해 미국 각 주에서 봄이 며칠 더 일찍 시작되었는지를 보여 준다.

사례탐구 한국의 폭염

400ppm 이상의 이산화탄소 농도는 지난 80만 년 동안 지구 대기에서 한 번도 관측되지 않은 값입니다. 이는 온실 효과를 일으켜 해양과 육지의 평균 온도를 가파르게 상승시켰습니다. 1950년대 이산화탄소 농도는 300ppm 수준이었으나 2010년대에는 400ppm을 넘어섰어요. 지난 10년 동안 연간 증가율은 2.2ppm으로 갈수록 심해졌습니다. 이런 추세라면 2035년경에는 450ppm을 넘어가 지구 평균 온도는 2도 더 높아질 것으로 예상됩니다.

한국의 이산화탄소 농도는 전 세계 평균 이산화탄소 농도보다 높습니다. 1973년부터 2018년 사이 한국의 여름철 평균 기온을 조사해 순위를 매긴 결과, 1위부터 10위 중 6년이 2010년 이후(2010, 2012, 2013, 2016, 2017, 2018)임이 밝혀졌습니다. 여름철 폭염 빈도가 최근 더욱 증가한 것입니다.

최근 지구 온난화로 북극의 얼음 면적이 급격히 줄어 지표면에 도달하는 태양 복사 에너지가 증가해 북극을 포함한 고위도 지역의 온도가 급상승했습니다. 이로 인해 한국을 포함한 중위도 지역에서 특정 기압 유형이 오래 지속될 수 있는 환경이 만들어졌습니다. 이는 폭염과 같은 기상 이변이 발생할 수 있는 주요 요인입니다. 특히 해양과 대기 간 상호 작용의 양상이 변하면 기후가 변하는데, 여름철 한국에 폭염을 야기하는 남중국해 지역의 해수면 온도는 지난 40여 년 동안 지속적으로 올랐습니다.

2018년 한국에는 사상 초유의 폭염이 나타났습니다. 2018년 8월 1일 강원도 홍천의 기온은 41도까지 올라갔는데, 110년이 넘는 한국 기상 관측 사상 가장 높은 기온입니다. 폭염도 7월 중순부터 8월 중순까지 한 달 이상 이어져 2018년 전국 평균 폭염 일수는 31.5일, 열대야 일수는 17.7일로 역시 기상 관측 사상 가장 길었습니다. 한국 학계에서는 2018년 여름 폭염에 '2018 대폭염'이라는 이름을 붙였습니다.

▌ 장기간 곤충 연구가 이루어진 푸에르토리코의 엘 융케 국유림. 제공: 위키미디어 코먼스

태계의 기초가 흔들린다는 것이죠.

　미국 렌셀러 폴리테크닉대학교 생물학자 브래드퍼드 리스터는 푸에르토리코의 열대림에서 1970년대부터 곤충을 연구했습니다. 연구 결과 1977년부터 2013년까지 약 40년 동안 나방, 나비, 메뚜기, 거미 등 10종의 개체 수가 최고 90% 넘게 줄었음을 확인했습니다. 같은 기간 나무 열매나 씨앗을 먹는 새는 그 수가 그대로 유지되었지만, 벌레를 먹는 새는 90% 감소했습니다. 벌레를 먹는 도마뱀도 30% 이상 줄었어요. 개구리도 급격하게 감소했습니다. 곤충과 거미를 주식으로 삼는 척추동물이 급감한 것입니다.

　연구자들은 2018년 과학저널 미국 국립학술원 회보(PNAS)에 실린 논문을 통해 "지난 30여 년 동안 숲의 온도는 평균 2도 올라갔다. 우리 연구는 지구 온난화가 숲의 먹이 그물을 무너뜨린 근본적인 원인임을 보여 준다."라고 밝혔습니다. 온도 변화가 상대적으로 작은 열대림의 기온 상승은 생태계에 치명적인 영향을 끼칩니다. 연구자들은 "지구 온난화가 절지동물의 감소를 초래했다. 이는 다시 곤충을 먹는 동물의 수를 감소시켜 먹이 그물의 상향식 파급 효과를 불러왔다."라고 설명했습니다.

곤충이 줄어든다는 것은 곤충의 생태계 서비스 기능이 제대로 작동하지 않는다는 의미입니다. 곤충의 생태계 서비스 기능이란 무엇일까요? 꽃가루받이, 동물(사람도 포함)의 먹이, 병해충의 포식자, 죽은 동물의 청소 기능을 말합니다. 전 세계 농작물의 35%와 야생 식물의 80%가 꽃가루받이를 곤충에 의존합니다. 곤충이 무상으로 제공하는 생태계 서비스의 규모는 미국만 해도 연간 570억 달러(한화 약 64조 원)에 이릅니다.

▎ 꽃가루받이는 곤충이 생태계에 제공하는 주요한 서비스다.

기후 변화가 정말로 일어나고 있을까?

지구 온난화와 관련해 대세를 거스르는 듯한 기상 현상이 꽤 나타납니다. 어떤 비평가들은 이러한 기상 이변이 기후 변화 이론 전체가 틀렸음을 입증한다고 주장합니다. 진실은 무엇일까요? 오히려 더 복잡하지 않을까요?

남극 대륙의 빙하는 북극처럼 줄지 않았습니다. 최근 몇 년간 미국항공우주국(NASA) 인공위성 사진을 보면 실제로 남극의 빙하 규모는 이전보다 커졌습니다. 남반구의 바닷물이 따뜻해졌다면 예측대로 빙하가 녹아야 하지 않을까요? 하지만 남극은 거대한 대륙이라는 점이 북극과 다릅니다. 최근에 빙하가 늘어난 것은 바람의 지역적인 경향이나 동태평양의 자연적인 온도 변화 때문일 수 있습니다.

▌ 허리케인 카트리나로 인해 전복된 차 위에 주택이 얹혔다.

사례탐구 슈퍼 태풍

2018년 10월, 태풍 '짜미'가 일본을 강타해 큰 피해가 발생했습니다. 그보다 앞서 태풍 '망쿳'과 '플로렌스'는 각각 필리핀과 미국에 불어닥쳐 큰 피해를 줬습니다. 모두 한 달 사이에 일어난 강력한 태풍입니다.

기후학자들은 지구 온난화를 막지 않으면 평균 풍속이 시속 320킬로미터를 넘는 초강력 태풍도 충분히 발생할 수 있다고 예측합니다. 그러면 태풍의 활동 범위가 넓어져 더 많은 지역이 피해를 봅니다.

이렇게 예측하는 이유는 지구 온난화로 바다 수온이 점차 상승하기 때문입니다. 태풍은 열에너지로 인해 발생한 수증기를 원료로 만들어집니다. 지난 100년 동안 바다의 평균 수온은 1도가량 상승했습니다. 지구의 기온이 1도 올라가면 대기 속 수증기 양은 7% 늘어납니다. 태풍은 더 많은 양의 수증기를 원료로 한층 더 강해집니다.

▌ 국제우주정거장(ISS)에서 촬영한 태풍 짜미. 제공: Alexander Gerst(F)

집중탐구 녹조 현상

바닷물은 그 자체만으로는 푸르게 보여야 합니다. 물 분자가 푸른빛만 반사하고 이외의 색을 흡수하기 때문입니다. 하지만 바닷물 색깔이 종종 초록빛이나 에메랄드빛을 띠어요. 이러한 현상은 바닷물에 떠다니는 식물

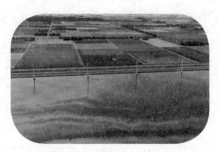

▌ 녹조로 뒤덮인 네덜란드 해안.

성 플랑크톤이 지닌 엽록소에 기인합니다. 녹조 현상이라고 하지요.

식물성 플랑크톤은 수천 종에 달합니다. 따뜻한 바닷물에 적응하여 번성하는 종도 있지만, 차가운 바닷물에 적응하는 쪽으로 진화한 종도 있습니다. 지구 온난화가 계속되면 전자는 급증하겠지만 후자는 멸종하겠지요. 그래서 미국 매사추세츠 공대(MIT), 미국 국립 해양학센터 등 연구진은 앞으로 바닷물 색깔이 더욱 녹색에 가까워지거나 짙은 푸른빛을 띠는 양극화가 두드러질 것으로 예측했습니다.

나아가 연구진은 이러한 추세가 굳어질 수 있다고 내다봤습니다. 해수 온도 상승이 해류의 순환을 방해하기 때문입니다. 수온이 극명하게 다른 두 층은 쉽게 섞이지 않는다는 사실에 근거하여, 연구진은 식물성 플랑크톤의 분포와 종류가 기이해지는 현실을 우려했습니다. 식물성 플랑크톤은 해양 생태계 먹이사슬의 기반으로 여겨지는 만큼, 식물성 플랑크톤에 문제가 생긴다는 건 곧 바다에 사는 모든 생물이 직간접으로 영향을 받는다는 걸 의미합니다. 초록빛 바다, 짙푸른 바다를 아름답다고만 치부할 순 없는 시대에 직면한 것입니다.

허리케인 카트리나는 2005년 미국 루이지애나주를 황폐화했습니다. 1,245명이 사망했고 1,080억 달러 상당의 재산 피해가 발생했습니다. 당시 많은 사람들이 즉각 이 재난을 놓고 기후 변화를 탓했습니다. 하지만 이후 과학자들 중 누구도 카트리나와 기후 변화의 연관성을 입증하지 못했습니다.

카트리나 같은 허리케인의 원인을 정확하게 지적하기란 정말 복잡한 일입니다. 하지만 과학자는 매번 더 많은 것을 배웁니다. 간단하게 '네' 또는 '아니오'라고 답할 순 없지만, "인류 발생적인 기후 변화에 의해 폭풍이 더 많이 발생했을까?"라든지 "더 심각해졌는가?"라고 질문할 수 있습니다. 지구 온난화를 포함하여 아주 다양한 요인이 기후에 영향을 미치기 때문입니다.

간추려 보기

- 전 세계적으로 지구 온난화의 징후가 나타난다.
- 기후 변화로 인해 날씨를 예측하기 더 힘들어졌다.
- 지구 온난화가 환경 생태계를 근본적으로 바꾼다.

3장 지구의 미래

기후학은 복잡한 학문입니다. 그래서 기후 변화의 영향을 예측하는 것은 훨씬 더 복잡한 일입니다. 그럼에도 우리는 해결책을 모색하고 꾸준히 대비해야 합니다. 역사를 돌아보면 인간은 자연 세계를 관찰하거나 종교 의식을 지냄으로써 날씨를 예

▌ 대기 위 높은 위치에 떠 있는 기상 위성은 넓은 지역의 대기 상태를 포착하여 기상학자들이 날씨를 예측하는 데 도움을 준다.

측하고 기후를 바꾸려 끊임없이 노력했습니다. 이는 오늘날 슈퍼컴퓨터를
활용한 노력으로 이어졌습니다.

기후 모델링

기후 모델링은 수학을 이용해 미래의 기후 상황을 예측하는 방법입니다.
물리학과 화학 법칙을 기반으로, 다양한 데이터를 이용해 대기와 해양, 지표
면과 빙하 사이의 상호작용을 시뮬레이션합니다. 기후 모델링으로 태양에서
전해져 오는 복사 에너지의 양을 예측할 수 있습니다. 기후 모델링은 토지
이용과 같은 다른 모델링 영역과 접목할 수 있습니다.

슈퍼컴퓨터가 어마어마한 양의 데이터를 처리하긴 하지만, 기후 모델링은
결국 미래를 추정하는 것에 불과합니다. 기상 현상을 일일이 정확하게 내다
보진 못하기 때문에 기후 모델링은 일기 예보와는 다릅니다. 실제 기상 결과
에 따라 기후 모델을 업데이트하며 예측의 정확성을 차츰 높여 갑니다.

물론 과학자들의 예상이 항상 맞아떨어지는 것은 아닙니다. 기후는 최대

숫자로 살펴보기

기후 모델링은 금세기 말까지 지구 기온이 현재보
다 1.1도에서 6.4도까지 증가할 것이라고 제시합니
다. 가장 가능성 높은 추정치는 1.8도에서 4도 사이
입니다.

기상학자들은 인공위성과 기상 관측기, 기상 관측소 등을 통해 다양한 기상 정보를 수집한다.

생각해 보기

기후 모델링에 관해 생각해 보아요.
- 우수한 데이터를 사용해야 정교한 모델을 만들 수 있습니다.
- 지속적으로 업데이트해야 합니다.
- 실제로는 모델과 다른 결과가 나타날 수 있습니다.
- 방대한 양의 데이터를 사용합니다.
- 수학과 과학의 원리를 토대로 합니다.

한 안정을 유지하려는 경향이 있습니다. 그러나 티핑 포인트에 이르면 작은 요인도 급격한 변화를 일으킵니다. 티핑 포인트(Tipping Point)란 여러 요인이 쌓이고 쌓여 조그만 충격에도 큰 변화가 일어나는 단계를 뜻합니다.

북극 **영구동토층**의 상황을 예로 들 수 있습니다. 영구동토층은 극지방이나 고산지대에 일 년 내내 얼어 있는 토양층을 가리킵니다. 북극 영구동토층의 지반은 계속 약해집니다. 얼음이 계속 녹아내리는 중이기 때문이죠. 현 상태가 이어지면 어느 시점에 이르러 영구동토층이 한꺼번에 붕괴할 수 있습니다. 그러면 영구동토층 안에 축적된 많은 양의 메탄가스가 대기로 방출됩니다. 메탄은 아주 강력한 온실가스입니다. 이산화탄소보다 무려 30배 이상의 온실 효과를 내기 때문에, 영구동토층의 붕괴는 지구 온난화를 더욱 가속할 것입니다.

▌ 빙하가 녹으면 거대한 얼음 덩어리가 부서져 바다로 흘러간다. 이러한 빙산은 주로 그린란드 근처의 북극 바다를 떠다닌다.

녹아내리는 얼음, 높아지는 해수면

실제 기온 상승의 폭과 우리의 대처가 지구 온난화의 결과를 좌우합니다. 많은 과학자들은 기후 패턴에 큰 영향을 미치는 극지방과 해양 연구에 초점을 맞춥니다.

두꺼운 얼음층을 지닌 그린란드가 걷잡을 수 없이 용해하면서 북극의 여름 빙하 규모는 크게 줄었습니다. 지구 반대편 남극 대륙의 빙하는 해안과 겹쳐 **빙붕**을 형성합니다. 빙붕은 빙하와 해안선이 만나는 곳에 형성되어 떠다니는 얼음대를 말합니다. 남극 대륙과 이어져 바다에 떠 있는 300~900미터 두께의 얼음 덩어리로, 전체적으로 일정한 크기를 일 년 내내 유지합니다. 해양이 따뜻해지면 빙붕은 거대한 빙산으로 분해됩니다.

지구의 온도가 높아질수록 극지방의 얼음이 더 빠르게 녹아내려 해수면이 급상승합니다. 일부 과학자들은 2100년까지 0.8~2미터가 상승할 것으

토론하기

극지방의 얼음이 녹으면 무슨 일이 일어날까요?
- 지구의 태양광선 반사율이 50% 정도 감소합니다.
- 북극해가 태양열을 더 많이 흡수합니다.
- 극지방에 인접한 대륙이 훨씬 더 따뜻해집니다.
- **툰드라** 지대가 손상됩니다.
- 극지방에 더 쉽게 접근할 수 있어 석유를 시추하려는 시도가 늘어날 것입니다.

사례탐구 백화(白化) 현상

미국 플로리다공과대학교와 노스캐롤라이나대학교 연구팀은 2018년 5월 〈기후 변화(Climate Change)〉에 게재한 논문을 통해 "지금 같은 추세가 지속되면 2100년엔 바닷물 온도가 2.8도 올라가고, 산호초와 북극곰이 멸종하는 등 해양 생태계가 붕괴할 것"이라고 경고했습니다. 지금도 전 세계 해양에서는 수온 상승으로 인해 수많은 산호초가 하얗게 백화 현상을 일으키며 죽어 갑니다. 백화 현상은 산호초에 기생하던 조류(藻類)가 수온 상승을 버티지 못해 산호초를 떠날 때 발생합니다. 조류는 산호초에 영양을 공급하고 색깔을 띠게 하는 역할을 합니다. 이미 전 세계 산호초의 70%가 피해를 입었습니다. 2017년 호주 정부의 조사 결과, 호주 대산호초의 91%에 백화 현상이 나타났습니다. 호주 대산호초는 세계에서 가장 거대한 산호초입니다. 호주 정부는 대산호초를 복원하고 보호하기 위해 4천억 원을 투입하기로 했습니다.

▌ 호주 대산호초가 백화 현상으로 신음하고 있다.
제공: ARC Centre of Excellence for Coral Reef Studies

로 내다봅니다. 벌써 남태평양의 작은 섬들이 사라지기 시작했어요. 해수면이 조금만 올라가도 연안 범람과 폭풍 해일, 해안 **침식**의 가능성이 높아집니다. 바다가 범람하면 연안 지역의 **담수** 공급원으로 염분이 유입됩니다. 이산화탄소를 과다하게 흡수한 바다에선 산성화가 진행돼 산호초와 해양 생물이 더는 살 수 없어요.

망가지는 물 순환

물은 지구상에서 생명을 존속하게 합니다. 기후 변화가 앞으로 수백 년 동안 계속된다면 물에 어떤 영향을 미칠까요? 지구 온난화는 물의 순환에 문제를 일으킵니다. 온도가 1도 상승할 때마다 대기 중의 수증기는 약 7% 증가합니다. 습한 지역은 더 습해지고, 어느 곳에서는 비가 퍼붓듯 내릴 수

▍ 강우량 예측이 어려워지면서 베트남 호찌민시의 홍수와 같은 극단적인 기상 현상이 더 자주 발생할 수 있다.

▌ 물 부족으로 건조한 날씨가 이어지면 숲이 불바다로 변할 수 있다. 작은 불씨가 커져 숲을 뒤덮는 맹렬한 불길이 된다.

있습니다. 비가 심하게 내리면 강둑에 범람과 침식이 발생해 농작물에 해를 입힐 것입니다.

건조 지역에서는 물 부족 현상이 30% 이상 증가해 더욱 건조해질 것입니다. 식물이 죽으면 뿌리가 소멸하면서 토양에 있던 수분을 끌어갑니다. 그러면 지역 전체가 뜨거운 사막으로 변할 수 있습니다. 온도가 상승하면 산불도 더 자주 발생합니다. 화재는 대기 중 이산화탄소 농도를 증가시켜요. 그뿐만 아니라 이산화탄소를 흡수하는 숲을 파괴합니다.

가뭄과 건조 기후가 오랫동안 이어져 기후 변화의 다른 징후와 연계되면 극단적인 자연 현상을 만들어 냅니다. 계절에 맞춰 동물이 대규모로 이동하고 농부가 작물을 심고 거두며 우기와 건기가 번갈아 찾아오는 자연의 순환에 이상이 생길 것입니다. 예측할 수,없는 날씨는 생존을 어렵게 합니다.

▌ 가뭄으로 땅에 균열이 발생한다. 농작물을 심을 수 없어 굶주림과 기아를 유발한다.

기후 변화가 야기할 사회 문제

인구가 늘어나면서 이산화탄소 배출량도 동시에 증가했습니다. 이것은 우연이 아닙니다. 유엔에 따르면 세계 인구는 2100년 112억 명에 이를 것입니다. 기후 변화로 지구가 위기에 처할 때 인구는 정점에 도달합니다.

기후 변화로 인류가 치를 대가는 무엇일까요? 농지와 저지대 섬이 전부 바다에 잠겨 유실되고, 상수도 물은 염분 상승으로 이용할 수 없게 됩니다. 다른 나라로 **이주**해야 하는 피난민이 급증하고, 식량 생산과 물 공급은 더욱 어려워질 것입니다. 이미 건조 지역의 나라들은 부족한 수자원을 확보하기 위해 경쟁하고 있습니다. 이렇듯 물 부족은 갈등을 유발합니다.

또한 기온이 올라가면 열대성 질병이 늘어납니다. 세계보건기구(WHO)는 기후 변화가 전염병의 확산 방식에 영향을 미칠 가능성을 경고합니다. 기후

■ 일부 모기는 인간을 물 때 말라리아라는 질병을 피에 직접 옮겨 전염시킨다. 기후가 온난할수록 말라리아를 퍼뜨리는 모기의 숫자가 늘어난다.

가 온난할수록 말라리아를 퍼뜨리는 모기의 숫자가 늘어납니다.

기후 변화 때문에 소모되는 경제적 비용으로 세상이 달라질 수도 있습니다. 폭풍 피해, 홍수 방지, 흉작 보상, 보험금 지불에 이미 많은 비용이 들어가고 있습니다. 경제학자들은 기후 변화 문제가 세계 금융 자산의 가치를 적게는 2조 5,000억 달러에서 많게는 24조 달러까지 떨어뜨릴 것으로 내다봅니다.

예방과 협력

지구 온난화가 야기할 최악의 상황은 그야말로 대재앙입니다. 그 영향이 최소화된다 해도 그 결과는 좋지 않을 것입니다. 우리는 이를 확실히 예방할 수 있을까요? 우리의 대처가 너무 소극적이거나 늦은 건 아닐까요?

기술적인 해결책이 있을 수 있지만 즉시 작용하지는 않습니다. 복잡한 문제에는 여러 접근법이 필요합니다. 마냥 손을 놓고 있을 수는 없습니다. 지구 온난화는 이미 심각한 단계입니다. 온도가 높을수록 온난화의 기세는 멈출 수 없습니다. 기후 변화의 여파는 수백 년 동안 지속할 것입니다.

가장 중요한 일은 화석 연료를 사용할 때 나오는 배기가스를 줄여 근본

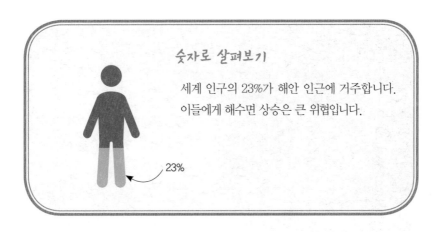

문제를 해결하는 것입니다. 물론 즉시 해결되지는 않습니다. 기온 상승 폭을 2도로 제한하더라도 온난화는 수년 동안 우리 일상생활에 계속 영향을 미칠 것입니다. 기후가 안정되더라도 해수면은 꾸준히 상승할 것입니다.

가장 먼저 고통받는 사람들은 저개발 지역에 사는 가난한 사람들입니다. 그래서 모든 지역과 모든 국가는 국경을 넘어 서로 협조해야 합니다. 나일강 문제가 모범적인 사례입니다. 나일강은 여러 아프리카 국가를 거쳐 흘러갑니다. 이 중 9개 국가는 서로 협조하며 강을 이용하고 개발하기 위해 나일강 유역 구상(Nile Basin Initiative)에 서명했습니다.

전문가 의견

기후 변화는 명백히 금융 자산을 위협할 요인이다.
— 사이먼 디츠 런던정치경제대학교 교수, 2016년도 발언

▌ 태평양에 있는 섬나라 키리바시(Kiribati)는 30개가 넘는 저지대 섬들로 이루어졌다. 10만 명
이상이 거주하는 이 섬들은 해수면 상승으로 수몰될 위기에 처했다.

▌ 나일강은 동아프리카 지역의 11개 국가를 남에서 북으로 관통하며, 이들 국가의 가장 주요
한 수자원 공급원이다.

- 기후 모델링은 수학을 이용해 미래의 기후를 예측하는 방법이다. 기후 모델링은 금세기 말까지 지구 기온이 현재보다 1.1도에서 6.4도까지 증가할 것이라고 제시한다. 가장 가능성 높은 추정치는 1.8도에서 4도 사이이다.
- 기후가 항상 예상대로 변화하는 것은 아니다. 기후는 변화에 저항하며 안정을 유지하려는 경향이 있다. 그러나 티핑 포인트에 이르면 작은 변수에도 급격한 변화를 일으킬 수 있다.
- 온도가 높을수록 더 빠르게 빙하가 녹아 해수면이 상승한다.
- 기후 변화는 사회 갈등, 열대성 질병, 경제 손실을 유발한다.
- 근본적인 해결을 위해 화석 연료 사용을 줄이고, 국가 간 협력을 도모해야 한다.

4장 목표와 조치

기후 변화가 인간 사회에 끼치는 영향력이 막대한 만큼 기후 변화를 둘러싼 논쟁이 첨예합니다. 기후 변화에 서둘러 대응해야 한다는 입장부터 기후 변화는 모두 낭설에 불과하다는 입장까지 다양한 의견이 터져 나와요. 여러 목소리가 모여 정치적인 움직임으로 이어졌습니다. 기후 변화에 대처하려는 국제 사회의 노력에는 성과와 맹점이 혼재합니다.

알아 두기

기후 변화에 관한 정부 간 협의체

IPCC(Intergovernmental Panel on Climate Change).

세계기상기구(WMO, World Meteorological Organization)와 유엔환경계획(UNEP, United Nations Environment Program)이 1988년 공동 설립한 국제기구입니다. 회원국은 195개국이며, 기후 변화의 영향과 대응책에 관한 평가 보고서를 작성합니다. 지금까지 다섯 차례 평가 보고서를 발표했습니다.

기후 변화를 둘러싼 정치적 대립

환경을 중심에 두는 녹색 정치는 1970년대부터 반향을 일으켰습니다. 녹색 정치는 여러 지역으로 퍼졌어요. 1990년대에는 더 많은 사람들이 지구 온난화를 재촉하는 화석 연료, 석유 회사, 신공항, **셰일 가스 추출**에 항의했습니다. 셰일 가스는 모래와 진흙 등이 단단하게 굳어 형성한 지층인 셰일층에

집중탐구 지구 온난화 1.5도 특별 보고서

기후 변화에 관한 정부 간 협의체(IPCC)는 2018년 10월 인천 송도에서 열린 총회에서 〈지구 온난화 1.5도 특별 보고서〉를 회원국 만장일치로 승인했다고 밝혔습니다. 이번 특별 보고서는 2015년 파리기후변화협약에서 극적으로 **합의**한 지구 온난화 1.5도 제한 목표의 과학적 근거를 마련하기 위해 작성했습니다.

이 보고서에 따르면 2100년까지 지구 평균 온도 상승 폭을 1.5도 이내로 제한하려면 이산화탄소 배출량을 2010년 대비 2030년까지 최소 45% 감축해야 하며, 2050년까지 '순제로(net-zero)' 배출을 달성해야 합니다. 순제로 배출이란 인위적인 이산화탄소 배출량이 인위적인 흡수량과 균형을 이룬 상태를 의미합니다. IPCC는 보고서에서 "2100년까지 지구의 평균 온도 상승 폭을 1.5도로 제한하려면 사회 모든 부문에서 신속하고 광범위하며 전례 없는 변화가 필요하다."라고 밝혔습니다.

짐 스키(Jim Skea) IPCC 워킹그룹Ⅲ 공동의장은 "기후 변화와 관련한 전 세계적 논의는 이미 1990년대부터 시작됐다."라면서 "사소해 보이는 것이라도 지구 온난화를 막기 위한 작은 노력은 모두 의미가 있다."라며 시민들의 참여를 촉구했습니다.

매장된 천연가스를 말합니다. 환경 운동가들은 각 요소가 얼마나 많은 탄소를 발생시키는지 알렸습니다.

유엔의 '기후 변화에 관한 정부 간 협의체(IPCC)' 보고서에 따르면, 현재 상황이 지속하면 지구 온도가 3도 이상 상승할 것입니다. 환경 운동가들은 이 점을 크게 우려합니다.

하지만 동시에 기후 변화가 거짓이라는 반론도 대두했습니다. 힘 있는 정치인과 언론인들은 기후 변화가 일어나지 않는다고 주장합니다. 인간 활동에 의한 기후 변화를 믿지 않는 이들을 기후 변화 부인론자라고 일컬어요. 이들은 기후 변화가 자연적으로 이루어지는 변화이기에 호들갑을 떨 필요 없다고 말합니다. 가령 빙하기와 간빙기의 주기적인 변화 때, 기온이 상승한 후에야 온실가스 농도가 상승하던 사례를 언급합니다. 이를 근거로 온실가스 증가가 기온을 상승시킨 게 아니라고 주장하는 거예요. 결국, 인류가 기후 변화에 책임이 없다는 것입니다. 하지만 이는 전후 관계를 인과 관계로 잘못 판단한 오류입니다. 과거와 달리 오늘날 온실가스 증가는 명백히 지구 온난화의 주요한 변인입니다. 그런데도 기후 변화 부인론자들은 진실을 애

전문가 의견

극적인 터닝 포인트가 반드시 필요하다. 저탄소 경제 체제로 빠르게 바꿔야 한다. 기후 변화로 인류가 치러야 할 비용을 생각하면 더는 대응을 미룰 수 없다.
– 스티븐 코닐리어스(Stephen Cornelius) 세계자연기금(WWF) 기후 변화 수석고문

┃ 1971년에 설립된 국제 환경보호 단체 그린피스(Greenpeace)의 선박 레인보우 워리어
(Rainbow Warrior)가 석탄 화력 발전소 건설에 항의하기 위해 이스라엘로 향했다.

써 외면하는 것입니다.

기후 변화 부인론은 배후에 부인론자들의 경제적·정치적 이익이 숨어 있다고 비판을 받습니다. 탄소 배출권과 같은 추가 경비를 줄여서 다른 예산을 편성하려는 속셈이라는 거예요. 당장 표를 더 많이 획득하기 위한 자신의 정책을 이롭게 하려고 환경 예산을 등한시한다는 의심이 상당합니다. 대표적으로 도널드 트럼프 미국 대통령은 '석탄과의 전쟁'을 중단하겠다고 선언했습니다. 백악관은 미국의 에너지에 대한 규제를 철폐하는 것이라고 부연했어요. 환경 단체들은 세계적인 친환경 추세에 역행하는 처사라며 규탄했습니다. 하지만 석탄을 비롯한 화석 연료 위주의 에너지 정책으로 회귀하려는 트럼프의 행보는 점입가경이었습니다.

기후 변화에 미온적으로 대처했던 트럼프 대통령은 급기야 2017년 6월 파리기후변화협약 탈퇴를 선언했습니다. 트럼프는 미국 방송사와의 인터뷰에서 "기후 변화가 인간에 의해 초래되었다고 생각하지 않는다. 나는 많은 돈을 기후 변화 문제에 쓰고 싶지 않으며, 많은 사람들이 실직하는 것도 원치 않는다."라고 밝혔죠. 트럼프는 기후가 정상화될 것이라고 주장했지만 기후가 정상화되는 방법에 대해서는 아무런 언급을 하지 않았습니다.

국제 사회의 대응

기후 변화에 대응하기 위한 인류의 움직임을 살펴볼까요? 1988년, 유엔과 세계 각국 정부는 IPCC를 구성해 행동을 시작했습니다. 1992년에는 브라질 리우데자네이루에서 첫 번째 지구 성상 회의(Global Summit)를 주최했습니다. 이 회의에는 178개 정부와 다수의 비정부기구(NGO)가 참석했습니다. 1997년 일본 교토에선 37개 산업 국가가 온실가스 배출 감축 협약에 동의했습니다. 석유 산업계와 많은 정치가가 교토**의정서** 채택을 방해했지만, 마침내 2015년 파리기후변화협약에서 온도 상승을 제한하자는 안이 통과됐습니다.

이처럼 국제 사회는 1990년대부터 환경 문제를 꾸준히 논의했습니다. 기

▌ 태양광선의 빛 에너지를 전기 에너지로 바꾸는 태양전지. 화석 연료에서 태양열과 풍력 같은 재생 가능 에너지원으로 전환하면 배출 가스를 크게 줄일 수 있다. 오늘날 전기 생산량의 24%가 재생 가능 에너지를 사용한다.

후 변화가 지구 생명체의 생존을 위협하는 상황에 공동의 책임 의식을 갖고, 각국이 연대해 온실가스 감축을 비롯한 다양한 환경 규제를 추진했습니다. 1997년 일본 교토에서 교토의정서를 채택한 데 이어, 2020년 만료되는 교토의정서를 대체하기 위해 2015년 파리기후변화협약을 맺었습니다. 2017년 트럼프 미국 대통령이 일방적으로 파리기후변화협약 탈퇴를 선언해 잠시 힘을 잃는 듯했지만, 미국을 제외한 다른 나라는 파리기후변화협약을 흔들림 없이 추진하겠다고 밝혔습니다. 한국의 경우 2030년까지 이산화탄소를 37% 감축하고, 플라스틱 폐기물 발생량을 50% 줄이는 등 국제 협약 이행을 위해 노력하는 중입니다.

브레이크를 밟다

온실가스 감축에 대해 타국의 동의를 받는 건 어려운 일입니다. 대다수 국가이 경제는 탄소 집약 산업, 자동차 제조, 벌채, 광업에 의존하니까요. 그리고 정치인들은 20년 후를 내다보는 것이 아니라, 내일 당장 투표에 이기기

알아 두기

교토의정서

'기후 변화 협약에 관한 교토의정서(이하 교토의정서)'는 지구 온난화를 막기 위한 유엔의 기후 변화 협약의 구체적 이행 방안입니다. 1997년 12월 일본 교토에서 열린 제3차 기후 변화 협약 당사국 총회에서 채택했습니다.

교토의정서는 국가별로 이산화탄소 배출량을 정했습니다. 탄소 배출권을 '탄소 시장'에서 거래할 수 있습니다. 더 많은 이산화탄소를 배출하고자 하는 국가는 적은 양을 배출하는 국가에서 여분의 할당량을 구입할 수 있습니다.

교토의정서가 채택되기까지 온실가스 감축 목표와 일정, 개발도상국의 참여 문제 등을 둘러싸고 주요국 간에, 그리고 주요국과 개발도상국 간에 의견 차이가 상당했지만 결국 2005년 2월 16일 공식 발효되었습니다.

의무 이행 당사국은 캐나다, 미국, 일본, 오스트레일리아, 유럽연합(EU) 회원국 등 총 38개국입니다. 각국은 제1차 의무 이행 기간인 2008~2012년 온실가스 총 배출량을 1990년도 수준에 비해 최소 5.2% 줄여야 합니다. 경제협력개발기구(OECD) 회원국은 이 기간에 1990년 대비 5% 이상 온실가스를 감축하도록 했습니다. 2차 의무 이행 대상국은 2013~2017년 온실가스 배출량을 감축해야 합니다. 한국은 2002년 11월 교토의정서를 비준했습니다.

위한 선거를 치릅니다. 투표하는 유권자도 다소 복잡한 기후 이론보다는 급여 통장의 금액을 놓고 더 고민하지요.

각국이 기후 변화 협약 이행에 동의한다면, 어떤 조치를 취할 수 있을까요? 2010년, 세계 주요 산업 국가인 독일은 40년 동안 온실가스를 80~95% 줄이기로 했습니다. 그들은 재생 에너지로의 대전환을 계획해, **에너지 효율**

및 보존을 위한 연구에 예산을 투자했습니다.

정부는 기업을 규제하고 공장과 발전소, 자동차에서 나오는 배출 가스를 제한하는 법안을 통과시킬 수 있습니다. 화석 연료에 세금을 부과할 수도 있고, 숲을 조성해 이산화탄소를 더 많이 흡수하게 할 수도 있습니다. 하지만 가장 중요한 건 법의 시행입니다. 시행되지 않는 법은 아무 의미가 없지요. 안타깝게도 불법 벌채는 아직 세계 여러 곳에서 이루어집니다.

기후 변화와 빈부 격차

기후 변화와의 전쟁은 국제 협력이 필요합니다. 홍수를 막고 신기술에 투자하려면 많은 돈이 필요합니다. 그런데 이 돈을 누가 부담해야 할까요?

작은 섬은 극심한 폭풍이나 해수면 상승의 위험이 크고, 열대 지방은 가

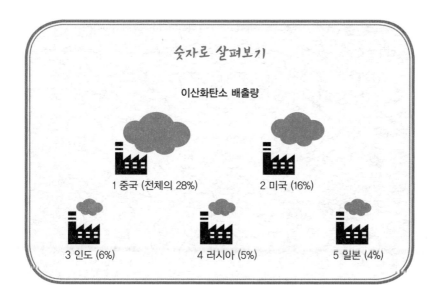

숫자로 살펴보기

이산화탄소 배출량

1 중국 (전체의 28%)   2 미국 (16%)

3 인도 (6%)   4 러시아 (5%)   5 일본 (4%)

기후 변화와 경제

2018년 제50회 노벨경제학상을 수상한 윌리엄 노드하우스 미국 예일대 교수는 기후 변화를 경제학적 관점에서 분석했습니다. 노벨위원회는 "글로벌 경제에서 장기적으로 지속 가능한 성장에 관해 연구해 왔으며, 해당 주제는 우리 시대의 가장 기본적이면서도 긴급한 문제"라고 선정 이유를 밝혔습니다.

노드하우스 교수는 기후 변화와 관련한 경제 이론을 개발하는 데 뚜렷한 업적을 남겼습니다. 특히 그는 환경 문제를 정치학과 경제학의 관점에서 분석한 뒤 현실적인 해법을 제시했습니다. 온실가스 감축 조치에 따른 비용과 이익을 분석해 온실 효과를 개선하기 위한 가장 효율적인 방법으로 모든 국가에 공통적으로 탄소세를 부과하는 방안을 제시한 것이 대표적입니다.

교토의정서가 왜 이산화탄소 배출을 줄이는 데 실패했는지, 어떤 정책 수단을 써야 배출량을 가장 효과적으로 줄일 수 있는지 등을 분석한 저서 《기후 카지노》는 2013년 영국 〈파이낸셜 타임스〉지의 올해의 책에 선정되기도 했습니다. 그는 이 책에서 탄소 배출량 세계 2위인 미국이 국내 산업 보호를 이유로 교토의정서에서 탈퇴하고 각각 1위와 3위인 중국과 인도는 개발도상국이란 이유로 감축 의무에서 제외되는 등 지구 온난화 문제의 핵심은 사실상 경제와 깊이 연관되어 있음을 설파했습니다.

품의 우려가 큽니다. 이러한 지역은 대개 소득이 낮고 인프라가 빈약합니다. 그들은 대부분 온실가스를 적게 배출합니다. 반면 이산화탄소 배출량이 많은 국가의 절반 이상은 기후 변화의 영향으로부터 덜 위태롭습니다.

다음과 같은 질문을 제기해야 합니다. 부유한 나라를 위한 법과 가난한 나라를 위한 법이 따로 제정되는 게 옳을까요? 기후 변화에 관한 법안을 작성할 때 각국의 역사를 고려해야 하지 않을까요? 유럽과 북미 국가의 사람들은 온실가스를 많이 배출했던 선조들의 활동에 도덕적 책임을 져야 하지 않을까요?

부유한 나라들은 이러한 문제를 인식하고 2009년 저개발 국가들이 당면한 어려움을 해결할 수 있도록 연간 1,000억 달러를 제공하기로 합의했습니다. 보험 회사들도 개발도상국의 자연 재해와 기후 변화 관련 재해로 인한 손실을 막을 수 있도록 협조하고 있습니다.

그러나 가난한 나라를 대상으로 한 국제 사회의 지원 중 일부는 부유한 국가들에게 유리한 대출이나 투자 형태로 이루어집니다. 부유한 국가들이

▌ 기후 변화의 영향을 불평등하게 부담하는 현실을 그린 벽화.

돈을 벌겠다는 생각으로 이자를 받는 거예요. 심지어 기약된 돈이 지원 대상 국가에 지급되지 않기도 합니다. 그래서 일각에서는 보다 실효성 있게 지원이 이루어져야 한다고 지적합니다.

국가 간 관계에서만이 아니라 국가 내부에서도 기후 변화와 관련해 부당한 처사를 찾을 수 있습니다. 일상생활 중 각 활동이 이산화탄소를 얼마나 만들어내는지 수치화한 것을 **탄소 발자국**이라고 합니다. 부유한 사람은 큰 차를 운전하거나 비행기를 자주 이용하면서 더 많은 탄소 발자국을 남깁니다. 반면 가난한 사람은 이산화탄소를 더 적게 배출했는데도 기후 변화로 집에 홍수가 나면 새로운 지역으로 이주하기 어렵습니다. 과연 공평한 걸까요?

▌ 홍수가 나면 위험에 처할 베트남 호찌민시의 주택.

간추려 보기

- 환경 운동의 확산과 함께 기후 변화가 거짓이라는 반론도 대두했다.
- 기후 변화가 지구 생명체의 생존을 위협하는 상황에 국제 사회는 1990년 대부터 공동의 책임 의식을 갖기 시작했다.
- 각국이 서로 연대해 온실가스 감축을 비롯한 다양한 환경 규제를 추진했다.
- 이산화탄소 배출량이 많은 국가의 절반 이상은 기후 변화의 영향으로부터 그다지 위태롭지 않은 실정이다.

5장 무엇을 해야 할까?

지금까지

언급한 기후 변화 문제는 다시 하나의 질문으로 돌아옵니다. 이산화탄소 문제를 어떻게 해결할까요? 우리는 이미 이산화탄소 배출을 통제하고, 이산화탄소를 제거하고, 이산화탄소를 아예 만들지 못하도록 하는 등 여러 선택지를 가지고 있음을 알았습니다. 그리고 이를 실현할 신기술 역시 빠른 속도로 발전합니다.

진보하는 신기술

발전소를 포함한 산업 시설에서 이산화탄소 폐기물을 제거하거나 지하에

숫자로 살펴보기

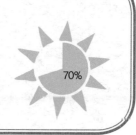

중국은 2011년부터 2015년까지 태양광 발전 시설 설치량을 13배로 늘렸습니다. 중국의 태양광 발전량은 전 세계 총 생산량의 70%를 차지합니다.

▌ 풍력 터빈은 움직이는 공기의 에너지를 전기로 바꾼다. 오늘날 풍력 터빈을 통해서 전 세계 총 전기량의 약 4%가 생산된다.

토론하기

에너지 절약 방안에 관해 토론해 보아요.

- 가정과 학교, 사무실에서 조명과 가전제품의 전원의 플러그를 뺍니다.

- 주택의 열 손실을 막기 위해 단열 설비를 시공합니다.

- 차량 이용을 줄이고, 가까운 거리는 걷습니다.

- 자동차 연료 효율을 높입니다.

- 지역별로 전력을 생산해 **송전선**상의 전력 손실을 예방합니다.

저장하는 등 다양한 방안을 시행할 수 있습니다. 그러나 **탄소 포집**과 저장은 상당한 비용이 듭니다. 대기에서 이산화탄소를 빨아들이는 방법이 현재 연구되고 있지만, 그 기술의 비용 역시 매우 높을 것입니다.

화석 연료 대신 재생 에너지로 전력을 생산한다면 어떨까요? 바람과 태양, 물(**수력 전기**, 조류와 파도)을 이용하는 기술은 빠르게 발전합니다. 재생 에너지 개발 경쟁은 에너지를 저장하고 투입하는 방식을 개선한 이른바 스마트 **그리드**를 개발하면서 치열해졌습니다. 스마트 그리드(Smart Grid)란 전기 공급자에게 사용자의 정보를 제공해 보다 효과적으로 전기를 공급하게 해주는 서비스입니다. 이를 통해 미래에 원자력, 석유, 가스, 석탄 화력 발전소 대신 청정 전력을 생산하는 주택과 도로를 볼지도 모릅니다.

탄소 제로 전기 자동차의 성능과 안전성은 이미 검증되었습니다. 물론 배터리 충전을 하려면 여전히 먼 거리를 가야 하지만 이 또한 나아지는 추세입니다. 도로에 정체된 차들이 유독가스를 공기 중으로 내뿜는 장면은 조만간 과거의 일이 될 것입니다.

▌전기 자동차는 가스 배출량을 급격하게 줄일 수 있지만, 여전히 전기를 필요로 하며 전기의 대부분은 화석 연료로 생산된다.

집중탐구 기후를 조작할 수 있을까?

영화 〈지오스톰(Geostorm)〉은 기후 변화로 고통받던 인간이 기후를 조작할 수 있게 된 이야기입니다. 가까운 미래, 기후 변화로 갖가지 자연재해가 속출해 지구는 대재앙의 시대를 맞습니다. 세계 정부 연합은 더 이상의 재난을 막기 위해 세계 인공위성 조직망을 통해 날씨를 조종하는 프로그램을 개발합니다. 하지만 프로그램 오류로 두바이의 쓰나미와 홍콩의 용암 분출, 리우의 혹한, 모스크바의 폭염 등 세계 도처에서 기상 이변이 일어납니다. 영화는 과연 인간이 생활 방식을 바꾸지 않고 기술적으로 기후 변화에 대응할 수 있을지 우리에게 질문합니다.

날씨를 조종하는 기술은 현존하며 계속 발전합니다. 중국이 50여 년 전부터 개발한 인공 강우 프로젝트 '톈허(天河)'가 그 예입니다. 인공 강우는 염화 칼슘과 요오드화은 입자를 이용해 비나 눈을 내리게 하는 기술입니다. 흐린 날 비행기를 이용해 구름 속에 요오드화은을 살포하면 여기에 작은 수분 입자가 달라붙어 '구름 씨' 역할을 합니다. 작고 가벼운 수분 입자 대신 크고 무거운 수분 입자를 만들어 비를 내리게 하는 것입니다. 중국은 비가 오지 않는 내륙이 매우 넓기 때문에 인공 강우 개발에 많이 투자했습니다. 중국에서 이 프로젝트에 종사하는 전문 인력만 3만 명이 넘습니다.

인공 강우는 먹구름을 제거하는 용도로도 쓰입니다. 먹구름에 구름 씨를 뿌려 미리 비를 내리게 하여, 국가 행사 때는 비가 오지 않도록 하는 것입니다. 중국은 2008년 베이징 올림픽을 앞두고 이 방법을 썼습니다. 인공 강우의 최대 단점은 구름이 있어야만 한다는 점입니다. 구름 한 점 없는 가뭄에는 인공 강우도 아무런 쓸모가 없습니다. 날씨 조종 기술은 일부 지역이나 특정 시기에는 다소 효과를 볼 수도 있겠지만, 아직 연구 단계에 있고 전 지구적인 기후 변화 앞에서는 무력할 수밖에 없습니다.

자연과 인간의 상생 방안

청정 에너지를 계속 개발하면서 도시와 시골, 해안과 주택은 지구 온난화의 영향에 대비해야 합니다. 어떻게, 그리고 어디에 새로운 주택을 지을지, 물을 어떻게 공급할지, 위협받는 야생 생물 종은 어떻게 보호할지에 관한 논의 또한 충분히 이루어져야 합니다.

네덜란드의 델타 계획(Delta plan)은 장벽과 댐, 제방을 길게 그물처럼 얽히게 해 해안과 강어귀를 보호하는 것입니다. 홍수와 폭풍우에 대비해 저지대와 도시를 수 세기 동안 지켰습니다. 주택은 수위가 높아져도 침수되지 않도록 설계됩니다. 이러한 대비책은 해수면 상승으로 위협받는 저지대 지역이 늘어남에 따라 점점 더 필요해질 것입니다.

하지만 인공적으로 이를 대비하려면 비용이 많이 듭니다. 그래서 모래 언

▌ 물 위에 떠 있는 집들은 홍수 피해를 겪지 않도록 수위 변화에 따라 상승 또는 하강하도록 설계된다.

덕과 산호초가 자연 방벽이 되면 좋습니다. 열대 섬에서 종종 보이는 해안 맹그로브(강가나 늪지에서 뿌리가 지면 밖으로 나오게 자라는 열대 나무) 숲 또한 좋은 자연 방벽입니다. 따라서 우린 이를 지키기 위해 노력해야 합니다.

건조한 땅에 나무와 식물을 심는 것은 습기와 그늘을 만들어 사막화를 막는 데 도움이 됩니다. 이집트에서는 하수도에서 흘러나온 폐수를 활용해 산림을 조성합니다. 산림은 이산화탄소 흡수에도 탁월합니다. 미국 캘리포니아와 호주 **건조 지대**처럼 뜨거운 기후에서는 산불 가능성이 더 높습니다. 산림을 지키기 위해 **산불 저지선**(방화벽)을 두고 세심하게 관리해 주택가로 불이 옮겨 붙는 것을 막아야 합니다.

사례탐구 캘리포니아 산불

미국 캘리포니아주는 잦은 산불로 몸살을 앓는 지역입니다. 2018년 11월 캘리포니아 북부에서 발생한 대규모 산불 '캠프파이어'는 캘리포니아주 재난 역사상 최악의 산불로 기록되었습니다. 산불이 진화된 11월 25일 기준으로 사망자 수가 85명에 달하고, 실종자는 500명에 육박합니다. 캘리포니아주 역사상 단일 산불 인명 피해로는 역대 최대입니다. 13만 8,000에이커가 전소되고 1만 4,000채가 넘는 집이 불길에 휩싸여 5만 2,000명이 피신했습니다. 캘리포니아주에서는 2018년 11월에만 '캠프파이어'(북부) 외에도 '울시 파이어'(남부), '힐파이어'(남부) 등 총 3번의 대형 산불이 발생했습니다.

캘리포니아주의 산불 발생 빈도는 최근 더욱 급증했습니다. 이에 따라 우려의 목소리 또한 커졌습니다. 캘리포니아주 산림소방국은 2018년 발생한 산불이 2017년에 비해 400회 이상 많은 것으로 나타났다고 밝혔습니다. 이는 캘리포니아주의 평균 기온이 지난해보다 높은 데다 강우량도 적어 수풀이 여느 때보다 건조하기 때문인 것으로 보입니다.

미국 스탠퍼드대학교 지구과학자 놀마 디펜바흐는 "현재 캘리포니아주 산불 발생 빈도가 높아진 것은 30년 전부터 경고되었던 것"이라면서 "이는 온실가스 배출 등으로 급변하는 기후, 즉 지구 온난화 때문"이라고 설명했습니다. 지구 온난화가 심해지면서 캘리포니아주와 같은 건조 지역의 기온 상승 속도가 타 지역보다 빨라져 폭염이 대형 산불로 이어질 위험이 높아진 것입니다.

■ 화재 위험 지역임을 알려 산불을 예방하기 위해 캘리포니아주 도로변에 세운 표지판. '극심한(EXTREME)'과 '오늘(TODAY)'이라는 표현에서 일상적으로 화재를 경계해야 하는 절박함이 묻어난다.

생각해 보기

홍수에 대비하기 위해 무엇을 할 수 있을지 생각해 보아요.
- 나무를 더 많이 심습니다.
- 배수 장치와 배수구의 상태를 검사합니다.
- 지역 홍수 방지 장치를 점검합니다.
- 홍수 경계경보에 주의합니다.

▌ 1982년에 완공된 런던의 템스 장벽(Thames Barrier). 상승하는 물이 도시로 범람하는 것을 막기 위해 건설되었다.

우리가 변해야 할 까닭

기후 변화는 사실이며, 이미 일어나고 있습니다. 우리는 기후 변화의 실상을 몸소 겪어 깨달음을 얻어야 할 처지입니다. 그리고 그 실상은 참혹할지도 모릅니다.

우리는 끊임없이 질문해야 합니다. 기후 변화가 공공의 이익보다 자신들의 이익을 우선시하는 기업들에 의해 일어나진 않았을까? 석유 회사, 가스 회사들이 증거를 인멸하고 진실을 은폐하기 위해 로비를 하진 않았을까? 잘못된 정책 때문에 기후 변화가 심화하는 건 아닐까?

결국 지구 온난화는 우리 삶의 방식과 관련됩니다. 우리 모두는 그동안 점점 더 많은 상품과 엔터테인먼트, 더 빠른 수송과 여행, 즉각적인 커뮤니

케이션을 원했습니다. 그 결과 우리는 자연 세계와의 '접촉'을 잃어버렸습니다. 우리는 자연을 고향이 아닌 상품으로 대했습니다.

유엔재난위험경감사무국(UNISDR, UN Office for Disaster Risk Reduction)이 세계기상기구(WMO) 홈페이지를 통해 발표한 보고서에 따르면, 1998년부터 2017년까지 20년 동안 기후 재해와 관련한 경제적 손실이 전 지구적으로 2,545조 8,000억 원에 달합니다. 20년 동안 매년 127조 원의 손실을 본 것입니다.

보고서 집계에 따르면 홍수로 인해 20억 명이 직간접적 손해를 입었습니

▌ 사람들로 붐비는 이 거리는 2,400만 명이 거주하는 중국 최대의 상공업 도시 상하이에 있다. 2017년 세계 인구는 75억 명이다. 매년 약 7,500만 명의 인구가 증가한다.

다. 가뭄은 15억 명, 폭풍우는 7억 2,600만 명, 지진은 1억 2,500만 명, 폭염과 한파는 9,700만 명의 인구에게 영향을 미쳤습니다. 20년 동안 자연재해에 의한 사망자 130만 명 중 지진으로 인한 사망자가 74만 명으로 가장 많았습니다. 이어 폭풍 23만 명, 폭염과 한파 16만 명, 홍수 14만 명, 가뭄 2만 명, 산불 2,000명 등으로 집계되었습니다.

기후 변화가 심해질수록 기상 이변은 더욱 자주 나타납니다. 기상 이변은 예측하기도 어려울뿐더러 그 여파가 워낙 강력해 예방과 대처가 쉽지 않습니다. 이제 기후 변화는 우리 삶을 좌우하는 중대 변수입니다.

지구 온난화는 우리 아이들의 미래를 무너뜨릴 수 있습니다. 지구 온난화가 인간 때문이라면, 우리는 지구를 사용하는 방식을 바꿔야 할 의무가 있습니다.

시계를 산업화 이전으로 되돌릴 수는 없습니다. 하지만 우리는 언제나처럼 기후 문제도 해결할 것입니다. 기후 변화는 광범위한 형태로 나타나지만 이를 바꿀 수 있는 건 개개인의 삶의 변화입니다. 환경 운동가의 활동만으로 기후 변화에 대처하기엔 역부족입니다. '나비효과(Butterfly Effect)'란 나비의

날갯짓처럼 작은 변화가 폭풍우 같은 커다란 변화를 일으킬 수 있다는 말입니다. 각 개인이 기후에 나비효과를 일으킬 수 있음을 자각해야 합니다. 그리고 개개인의 인식 변화가 공동체의 기후 변화 대응 행동으로 이어져야 합니다. 우리에게 주어진 시간은 그리 많지 않습니다.

간추려 보기

- 에너지를 저장하고 투입하는 방식을 개선한 스마트 그리드가 개발되면서 재생 에너지 개발 경쟁이 치열해졌다.
- 탄소 제로 전기 자동차의 성능과 안정성은 이미 검증되었다. 전기 자동차는 배출 가스를 줄일 수 있지만, 여전히 전기를 필요로 하며 전기의 대부분은 화석 연료를 태워 생산한다.
- 지구 온난화가 인간 때문이라면, 우리는 지구를 사용하는 방식을 바꿔야 할 의무가 있다.
- 각 개인이 기후에 영향을 끼칠 수 있음을 자각해야 하며, 개개인의 인식 변화기 공동체의 기후 변화 대응 행동으로 이어져야 한다.

용어 설명

간빙기 빙하 시대에 저위도 지방에 있던 빙하는 녹아 없어지고 고위도 지방에만 빙하가 존재했던 시기. 빙기(氷期)와 빙기 사이의 시기로 기후가 비교적 따뜻했다.

강수 비, 눈, 우박, 안개 따위로 지상에 내린 물.

건조 지대(Dust Bowl) 가뭄이나 낙후한 농사법 때문에 척박해진 토양.

계절 변형(Season Creep) 지구 온난화로 계절 변화의 주기가 달라지는 현상.

그리드(Grid) 발전소에서 소비자에게 전기를 공급하는 전력선 네트워크.

꽃가루받이 종자식물에서 수술의 꽃가루가 암술의 머리로 옮겨 붙는 것.

담수(민물) 빙하, 빙산, 빙붕이나 강에서 발견되는 염분 없는 물.

멸종 생물의 한 종류가 아주 없어짐.

물 순환 물이 강과 바다에서 증발하여 비나 눈의 형태로 지구 표면으로 돌아오는 것.

배출 안에서 밖으로 밀어 내보냄. 예를 들어 화석 연료를 태울 때 특히 가스나 오염 물질이 대기로 방출되는 것.

비준 조약을 헌법상의 조약 체결권자가 최종적으로 확인하고 동의하는 절차.

빙붕(Ice Shelves) 빙하나 빙상이 해안선을 만나는 곳에 형성되어 두껍게 떠다니는 얼음대.

빙하기 장기간 지구 기온이 낮아졌던 시기. 이 시기에는 극지방에서 빙붕과 빙하가 확장한다.

산불 저지선(방화벽, Firebreak) 숲을 가로지르는 도랑이나 도로 같은 식물들 사이의 틈. 화재 진행을 늦추는 장벽 역할을 한다.

산성 산이 함유된 성질. 예를 들어 빗물은 오염 기체와 혼합되면 산성비가 된다.

생물군계 열대 우림과 같은 주요 서식지에 서식하는 동식물의 대규모 자연 공동체.

송전선 발전소에서 생산된 전력을 송전 선로의 마지막 단계인 배전 변전소로 보내기 위해 시설한 전선.

수력 전기 움직이는 물의 힘으로 터빈을 돌려 전기를 생산하는 것.

셰일 가스 추출(Shale Gas Fracking) 기름이나 가스를 방출하기 위해 고압의 액체를 지하 셰일 암석에 주입하는 것. 셰일 가스는 오랜 세월 모래와 진흙이 쌓여 단단하게 굳은 탄화수소가 퇴적암(셰일) 층에 매장되어 있는 가스를 말한다.

에너지 효율 에너지가 전환되는 과정에서 손실되는 에너지의 양이 어느 정도인지를 나타내는 지표.

영구동토층(Permafrost) 일 년 내내 얼어붙은 지구 표면의 바로 아래 토양.

온실가스 방사선을 흡수하여 온실 효과를 일으키는 가스. 이산화탄소와 메탄, 이산화질소 등이 있다.

온실 효과 하층 대기에서 태양열을 붙잡아 두어 지구 대기 온도가 상승하는 것.

응결 가스나 증기에서 액체로 변화하는 것.

의정서 외교적인 회의에서 의논하여 결정한 사항을 기록한 국제 공문서.

이주 보다 나은 삶의 조건을 추구하거나 빈곤, 전쟁, 기근을 피하기 위해 세계의 한 지역에서 다른 지역으로 이동하는 것.

인류 발생적(Anthropogenic) 인간 활동에 의해 초래된다는 의미. 예를 들어 기후 변화와 관련해 인간 활동으로 환경이 오염되었음을 말할 때 쓰는 표현이다.

인프라(Infrastructure) 생산이나 생활의 기반을 형성하는 중요한 구조물. 도로, 항만, 철도, 발전소, 통신 시설 따위의 산업 기반과 학교, 병원, 상수·하수 처리 따위의 생활 기반이 있다.

자외선 가시광선보다 파장이 짧고, 눈에 보이지 않는 전자기파. 화학 작용이나 생리적 작용이 강하다.

적외선 가시광선보다 파장이 길고, 눈에 보이지 않는 전자기 복사. 가열된 물체는 적외선을 방출한다.

증발 액체에서 증기로 변화하는 것.

침식 비, 하천, 빙하, 바람 따위의 자연 현상이 지표를 깎는 것.

탄소 발자국 사람이나 기업의 활동으로 인해 대기로 배출되는 이산화탄소의 양.

탄소 제로 대기로 이산화탄소가 배출되지 않도록 하는 것. 예를 들어 탄소 제로 주택은 화석 연료를 연소시키지 않으며 태양열이나 풍력 같은 재생 가능 에너지원으로부터 에너지를 얻는다.

탄소 포집 발전소 굴뚝과 같은 온실가스 대량 발생원에서 이산화탄소만 분리하여 대기 오염을 방지하는 방법. 포집(捕執)은 여러 가지 방법으로 일정한 물질 속에 있는 미량 성분을 분리해 잡아 모으는 일을 말한다.

툰드라(Tundra) 북극해 연안의 넓은 벌판. 연중 대부분은 눈과 얼음으로 덮여 있으나, 짧은 여름 동안에 지표의 일부가 녹아서 이끼류 등이 자라며, 순록 유목이 행해진다.

합의(Consensus) 토의하여 의견을 종합함. 예를 들어 과학자들이 기후 변화를 유발하는 요인에 동의하는 것.

핵반응 두 개의 핵입자가 충돌하여 원래의 입자와 다른 것을 생성하는 과정. 태양 내부에서 수소 원자는 융합되어 헬륨을 생성하면서 엄청난 양의 에너지를 방출한다.

화석 연료 수백만 년 전에 화석화된 생물체로부터 만들어진 천연연료. 석탄이나 가스 등이 있다.

흑점 태양 표면에서 주변보다 상대적으로 온도가 낮아서 어둡게 보이는 현상. 흑점 분포는 지구 온도에 영향을 줄 수 있다.

흡수 화학적 또는 물리적 과정으로 에너지(또는 액체)를 받아들이거나 빨아들이는 것.

연표

1988년 기후 변화와 관련한 전 지구적 위험을 평가하고 국제적 대책을 마련하기 위해 세계기상기구(WMO)와 유엔환경계획(UNEP)이 기후변화에관한정부간협의체(IPCC)를 공동 설립했다. IPCC는 유엔 산하 국제 협의체로 기후 변화 문제 해결을 위한 노력이 인정되어 2007년 노벨 평화상을 수상했다.

1991년 필리핀 피나투보 화산이 폭발했다. 당시 2,000만 톤에 달하는 이산화황이 하늘을 뒤덮어 햇빛의 약 2.5%를 반사시켰다. 이로 인해 지구 평균 기온이 2년 동안 0.5도 낮아졌다.

1992년 브라질 리우데자네이루에서 총 178개국이 참여한 '리우 환경 회의'라는 지구 정상 회의가 열렸다. 산업혁명 이후 지나친 경제 개발로 환경이 파괴되었음을 각성하고, 환경이 지탱할 수 있는 한도 내에서 경제 개발을 해 나가고자 하는, 이른바 지속 가능한 개발(ESSD, Environmentally Sound and Sustainable Development) 이념을 실천해 나가는 것을 목표로 했다.

1997년 일본 교토에서 기후변화협약에 따른 온실가스 감축 목표에 관한 의정서인 교토의정서가 채택되었다. 의무 이행 대상국은 오스트레일리아, 캐나다, 미국, 일본, 유럽연합(EU) 회원국 등 총 37개국이다.

2002년 한국이 교토의정서를 비준했다.

2005년	허리케인 카트리나가 미국 루이지애나주를 황폐화했다. 카트리나로 1,245명이 사망했고 1,080억 달러 상당의 피해가 발생했다.
2010년	세계 주요 산업 국가인 독일이 40년 동안 온실가스를 80∼95% 줄이기로 했다.
2014년	인류 기후 행진(The People's Climate March)이 뉴욕에서 열렸다. 기후 변화 정책의 시급한 수립을 지지하는 가장 큰 규모의 행진이다.
2015년	온도 상승을 제한하자는 파리기후변화협약에 195개 나라가 서명했다. 온도 상승을 1.5도로 낮추는 것을 목표로 한다. 이러한 목표를 달성하려면 2030∼2050년 탄소 배출이 제로에 도달해야 한다.
2017년	호주 정부의 조사 결과, 대산호초의 91%에 백화 현상이 나타났다. 호주 정부는 대산호초를 복원하고 보호하기 위해 4천 억 원을 투입하기로 했다.

기후 변화에 미온적으로 대처했던 트럼프 미국 대통령이 파리기후변화협약 탈퇴를 선언했다.

수천 명의 사람들이 기후 변화에 대응하기 위해 워싱턴에서 인류 기후 행진(The People's Climate March)에 참석했다.

2018년

한국에 초유의 폭염이 있었다. 2018년 8월 1일 강원도 홍천의 기온이 41도까지 올라갔는데, 110년 넘는 한국 기상 관측 사상 가장 높은 기온으로 기록됐다. 7월 중순부터 8월 중순까지 한 달 이상 이어져 2018년 전국 평균 폭염 일수는 31.5일, 열대야 일수는 17.7일로 역시 기상 관측 사상 가장 길었다. 한국 학계에서는 2018년 여름 폭염에 '2018 대폭염'이라는 이름을 붙였다.

기후 변화를 경제학적 관점에서 분석한 윌리엄 노드하우스 미국 예일대학교 교수가 제50회 노벨경제학상을 수상했다.

10월, 한국 인천 송도에서 열린 IPCC 제48차 총회에서 〈지구 온난화 1.5도 특별 보고서〉를 회원국 만장일치로 승인했다.

10월, 태풍 '짜미'가 일본을 강타해 큰 피해가 생겼다. 그보다 앞서 태풍 '망쿳'과 '플로렌스'는 각각 필리핀과 미국에 불어닥쳐 큰 피해를 줬다. 모두 한 달 사이에 일어난 강력한 태풍들이다.

11월, 캘리포니아 북부에서 발생한 대규모 산불 '캠프파이어'는 캘리포니아주 재난 역사상 최악의 산불로 기록되었다. 산불이 진화된 11월 25일 기준으로 사망자 수가 85명에 달한다. 캘리포니아주 역사상 단일 산불 인명 피해로는 역대 최대다. 13만 8,000에이커가 전소되고 1만 4,000채가 넘는 집이 불길에 휩싸여 5만 2,000명이 피신했다.

더 알아보기

통합기후변화홍보포털 www.gihoo.or.kr

환경부 산하 준정부기관인 한국환경공단이 운영한다. 기후변화 홍보포털, 그린캠퍼스, 온실가스 관리 전문인력 양성과정 세 개의 홈페이지로 연동된다. '기후변화 홍보포털'은 기후 변화 관련 국내외 정책 동향과 최신 정보를 제공해 기후 변화에 대한 인식을 높이고 국민들이 자발적으로 온실가스 감축 활동에 참여할 수 있도록 돕는다. '그린캠퍼스'는 온실가스 감축 기술을 교육해 대학 스스로 실천할 수 있도록 기회를 제공한다. '온실가스 관리 전문인력 양성과정'은 기업이나 공공 부문에서 필요로 하는 기후 변화 관련 전문 인력을 공급함으로써 관련 산업을 활성화하고 일자리를 창출하는 것을 목표로 한다.

유엔환경계획 한국협회 www.unep.or.kr

케냐 본부와 아태지역사무소와 협력해 국내 정책 개발과 환경 보존을 위해 활동한다. 기업과 시민 사회에서 국제 환경 기준을 이행할 수 있도록 홍보한다. 국내 환경 정책과 제도, 실행에 대한 모니터링과 평가를 수행한다. 정보와 교육 프로그램을 제공해 환경 이슈에 대한 대중의 이해와 참여를 이끌어 내는 것이 목적이다.

환경교육포털사이트 www.keep.go.kr

환경보전협회가 운영하며 주제별, 대상별, 매체별로 구분된 다양한 환경 교육 정보와 프로그램을 제공한다. 녹색 성장을 선도하는 핵심 업체로 자리 잡으려는 기업들에게 홍보와 마케팅 기회를 제공하는 '국제환경산업기술·그린에너지전(ENVEX)'을 1979년부터 매년 개최한다.

국가기후변화적응센터 ccas.kei.re.kr

2009년 7월 기후변화적응 정책을 체계적이고 과학적으로 도약시키기 위하여 환경부와 한국환경정책·평가연구원이 함께 국가기후변화적응센터(KACCC)를 설립했다. 국가기후변화적응센터에서는 기후변화적응에 관한 체계적인 연구와 적응 도구를 개발하고 있으며, 국내외 적응 관련 기관과 협력 체계를 구축하고 있다. 기후변화적응에 대한 정보를 체계적으로 관리하고 전달하기 위한 시스템 구축을 추진하고 있다.

기상청 기후정보포털 www.climate.go.kr

기후 변화에 대한 국민의 알 권리를 충족시키고, 국내외 기후 변화 관련 자료 및 연구 결과의 이해도와 활용도를 제고하기 위한 목적으로 구성되었다. 기후변화협약 대응책 마련을 위한 과학 정보와 영향평가 및 정책 관련 정보를 제공한다. 기후 변화 연구에 필요한 데이터베이스를 구축해 기후 변화 탐지 모니터링 등을 서비스한다.

찾아보기

내인생의책 은 한 권의 책을 만들 때마다
우리 아이들이 나중에 자라 이 책이 '내 인생의 책'이라고 말할 수 있는 책을 만들고자 합니다.

세상에 대하여 우리가 더 잘 알아야 할 교양
⑥⑥ 기후 변화 자연을 상품으로 대하면? (원제: CLIMATE CHANGE)

필립 스틸 글 | 정민규 옮김 | 이우진 감수

초판 인쇄일 2019년 2월 14일 | 초판 발행일 2019년 2월 28일
펴낸이 조기룡 | 펴낸곳 내인생의책 | 등록번호 제10-2315호
주소 서울특별시 서초구 나루터로 60 정원빌딩 A동 4층
전화 (02) 335-0449, 335-0445(편집) | 팩스 (02) 6499-1165
편집 백재운 하빛 | 디자인 황경실

이 책의 한국어판 저작권은 Imprima Korea Agency를 통해
Hodder and Stoughton Limited와의 독점 계약으로 **내인생의책**에 있습니다.
저작권법에 의해 한국 내에서 보호를 받는 저작물이므로
무단전재와 무단복제를 금합니다.

ISBN 979-11-5723-452-3 (44300)
      979-11-5723-416-5 (세트)

QUESTION IT! Series
1.POPULATION 2.CLIMATE CHANGE 3.FOOD
4.NATURAL HABITS 5.OIL 6.WATER
by Philip Steele
Copyright © 2017 All rights reserved.

Korean Translation Copyright © 2019 by THEBOOKINMYLIFE
Korean edition is published by arrangement with Hodder and Stoughton Limited
through Imprima Korea Agency

책값은 뒤표지에 있습니다. 잘못된 책은 구입처에서 바꾸어 드립니다.

이 도서의 국립중앙도서관 출판시도서목록(CIP)은 e-CIP 홈페이지(http://www.nl.go.kr/ecip)에서 이용하실 수 있습니다.
(CIP제어번호:2019001562)

내인생의책에서는 참신한 발상, 따뜻한 시선을 가진 원고를 기다리고 있습니다.
원고는 내인생의책 전자우편이나 홈페이지를 이용해 보내 주세요. 여러분의 소중한 경험과 지식을 나누세요.

전자우편 bookinmylife@naver.com | **홈페이지** http://bookinmylife.com

어린이제품 안전 특별법에 의한 제품 표시
제조자명 내인생의책 | **제조 연월** 2019년 2월 | **제조국** 대한민국 | **사용연령** 5세 이상 어린이 제품
주소 및 연락처 서울특별시 서초구 나루터로 60 정원빌딩 A동 4층 (02) 335-0449 | **담당 편집자** 백재운